BEI GRIN MACHT SICH IHR
WISSEN BEZAHLT

- Wir veröffentlichen Ihre Hausarbeit,
  Bachelor- und Masterarbeit

- Ihr eigenes eBook und Buch -
  weltweit in allen wichtigen Shops

- Verdienen Sie an jedem Verkauf

Jetzt bei www.GRIN.com hochladen
und kostenlos publizieren

Adam Balogh

Narzissmus und Politik

Warum ist der Anteil von narzisstischen Persönlichkeiten in den Bundesregierungen von 1991 bis 2013 überdurchschnittlich hoch?

GRIN Verlag

Bibliografische Information der Deutschen Nationalbibliothek:

Die Deutsche Bibliothek verzeichnet diese Publikation in der Deutschen National-
bibliografie; detaillierte bibliografische Daten sind im Internet über http://dnb.d-
nb.de/ abrufbar.

Impressum:

Copyright © 2013 GRIN Verlag GmbH
Druck und Bindung: Books on Demand GmbH, Norderstedt Germany
ISBN: 978-3-656-45420-5

Dieses Buch bei GRIN:

http://www.grin.com/de/e-book/229853/narzissmus-und-politik

GRIN - Your knowledge has value

Der GRIN Verlag publiziert seit 1998 wissenschaftliche Arbeiten von Studenten, Hochschullehrern und anderen Akademikern als eBook und gedrucktes Buch. Die Verlagswebsite www.grin.com ist die ideale Plattform zur Veröffentlichung von Hausarbeiten, Abschlussarbeiten, wissenschaftlichen Aufsätzen, Dissertationen und Fachbüchern.

Besuchen Sie uns im Internet:

http://www.grin.com/

http://www.facebook.com/grincom

http://www.twitter.com/grin_com

NARZISSMUS UND POLITIK

Warum ist der Anteil von narzisstischen Persönlichkeiten in den Bundesregierungen von 1991 bis 2013 überdurchschnittlich hoch?

UNIVERSITÄT MANNHEIM
KOLLOQUIUM
ABSCHLUSSARBEIT
POLITISCHE SOZIOLOGIE

13.05.2013

Adam Balogh

INHALTSVERZEICHNIS

1. Einleitung 2

2. Narzissmus und Politik 5

    2.1. Narzissmus – ein Überblick 5

    2.2. Die Narzisstische Persönlichkeit 7

    2.3. Narzissmus und Politik 10

3. Untersuchung der Bundesregierungen von 1991 bis 2013 12

    3.1. Methoden- und Fallauswahl 12

    3.2. Ergebnisse der Untersuchung 16

4. Theoretische Interpretation der Ergebnisse 20

    4.1. Die narzisstische Gesellschaft 20

    4.2. Politik ist Narzissmus pflichtig 23

    4.3. Führungsperson zentrierte Erklärungen 24

5. Fazit und Beantwortung der Forschungsfrage 27

6. Literaturverzeichnis 29

1. EINLEITUNG

In George Orwells[1] 1949 erschienenen dystopischen Roman *1984* geht es um einen totalitären Überwachungsstaat und wie das Individuum versucht, trotz seiner kaum vorhandenen Privatsphäre, in dieser Umgebung immer noch Individuum zu bleiben. Im letzten Akt der Handlung wird der Protagonist Winston Smith verhaftet und von dem Spion O'Brien verhört und gefoltert. Auf die Frage, warum die herrschende Partei nach Macht strebt, gibt Smith laut O'Brien eine „dumme Antwort". O'Brien muss Smith somit aufklären: *„Die Partei strebt Macht lediglich in ihrem eigenen Interesse an. Uns ist nichts am Wohl anderer gelegen; uns interessiert einzig und allein die Macht als solche. Nicht Reichtum oder Luxus oder langes Leben oder Glück: nur Macht, reine Macht"* (Orwell 1976, 241-242).

Obwohl O'Briens Antwort relativ extrem ausfällt, hat sie doch einen wahren Kern und wirft ein paar Fragen auf: Warum streben manche Menschen nach Macht und andere nicht? Warum sind nur wenige Menschen bei ihrem Streben erfolgreich? Und stimmt das berühmte Zitat des britischen Politikers Lord Acton: *„Macht korrumpiert, absolute Macht korrumpiert absolut"* (Leinemann zitiert nach Wirth 2006a, 9)? In der vorliegenden Abschlussarbeit soll der Forschungsfrage nachgegangen werden: *Warum ist der Anteil von narzisstischen Persönlichkeiten in den Bundesregierungen von 1991 bis 2013 überdurchschnittlich hoch?*

Wie die Forschungsfrage bereits impliziert, werden die Antworten in dieser Abschlussarbeit hauptsächlich mit dem Psychologie-Begriff der „narzisstischen Persönlichkeit" erfolgen. In der Psychoanalyse wurde der Begriff „Narzissmus", in Anlehnung an die Freud'sche Theorie von 1909, kontinuierlich weiterentwickelt und differenziert (Hartmann 2006, 3-18). In der Politikwissenschaft hingegen wurde, bis auf ein paar Ausnahmen (Wirth 2006a, 17), die Narzissmus-Theorie nur selten zum Gegenstand wissenschaftlicher Diskussionen. Dies liegt zum einen daran, dass sich die Persönlichkeitsforschung als Teilbereich der Politischen Soziologie auf die Begriffe des „Analen Charakters" und der „Autoritären Persönlichkeit" konzentriert hat (Rattinger 2009, 97-109), aber zum anderen auch an den stiefmütterlichen Umgang der Politikwissenschaft mit dem Faktor Persönlichkeit (Hartmann 2007, 17-21; Wirth 2006a, 17). Jürgen Hartmanns Publikation *Persönlichkeit und Politik* benennt dieses Defizit recht eindeutig: *„Die Politikwissenschaft hat eine Blindstelle. Sie klammert die Persönlichkeit aus"* (Hartmann 2007, 13). Hans-Joachim Maaz geht in seiner Monografie über *Die narzisstische Gesellschaft* sogar noch einen Schritt weiter in dem er erklärt, dass die

---

[1] George Orwell hieß gebürtig Eric Arthur Blair

strikte Leugnung der psychischen Dimension menschlichen Verhaltens bei der Analyse von gesellschaftlichen Vorgängen gar als Symptom einer narzisstischen Abwehr[2] zu deuten sei (Maaz 2013, 59-60).

Da sich die Politikwissenschaft seit jeher der Bedeutung des Faktors Persönlichkeit bewusst ist, mutet es umso erstaunlicher an, dass dieser Aspekt vehement vernachlässigt wird. Bereits 1513 schrieb Niccolò Machiavelli (1469-1527) in seinem Hauptwerk *Der Fürst*, dass eine geeignete Persönlichkeit für den Erwerb und die Steigerung von Macht vorausgesetzt werden müsste (Kondylis 2007, 136-138). In der Neuzeit war es beispielsweise Harold Dwight Lasswell (1902-1978), der mit seiner 1930 veröffentlichten Publikation *Psychopathology and Politics* immer wieder den Nutzen der Psychoanalyse für die Politikwissenschaft betonte und damit zum Begründer der Politischen Psychologie wurde (Rattinger 2009, 102).

Eine fachgerechte Beantwortung der hier aufgeworfenen Fragen, einschließlich der Forschungsfrage, unter der Verwendung des Konzepts der narzisstischen Persönlichkeit würde somit beitragen diese *vergessene Größe der empirischen Sozialforschung* stärker zu gewichten (Schumann 2005). Zudem könnte auch in einem Randbereich der Politikwissenschaft (Kaina 2009, 385-386), nämlich der Elitenforschung, der Frage nachgegangen werden warum jemand zum Mitglied der (Macht-) Elite wird. Obwohl in dieser Frage kein Konsens herrscht (Kaina 2009, 387-388), ist die Wissenschaft sich darüber einig, dass die Beantwortung dieser Frage von grundlegender Bedeutung für ein demokratisches Staatswesen ist (Schnapp 1997, 69).

Ziel dieser Abschlussarbeit ist es zu verdeutlichen, wie einerseits narzisstische Persönlichkeitszüge das Erreichen und Bekleiden von hohen politischen Ämtern fördern können und andererseits der Zugang zu (politischer) Macht möglicherweise bereits vorhandene narzisstische Charakterzüge des Individuums verstärkt. Der empirisch analytische Teil dieser Abschlussarbeit konzentriert sich auf die Untersuchung der Bundesregierungen von 1991 bis 2013. Konkret werden ihre insgesamt 85 Mitglieder (Deutscher Bundestag 2013) singulär auf ihre psychische Disposition analysiert, insbesondere unter der Berücksichtigung ihrer narzisstischen Veranlagung. Anhand dieser Untersuchung soll verdeutlicht werden, dass ein überdurchschnittlich hoher Anteil von Regierungsmitgliedern narzisstische Persönlichkeitszüge aufwies.

Die Vorgehensweise dieser Abschlussarbeit sieht wie folgt aus: Im ersten Teil der Arbeit soll eine ausführliche Einführung in das Thema Narzissmus und narzisstische Persönlichkeit

---

[2] Zur Erklärung des Begriffes „Narzisstische Abwehr" siehe Kapitel 2.1.

erfolgen. Vor allem soll aufgezeigt werden, dass in der Fachliteratur eine starke Verbindung zwischen narzisstischer Persönlichkeit einerseits und dem Erreichen und Bekleiden von hohen politischen Ämtern andererseits vermutet wird.

Im Zweiten Teil sollen alle 85 Mitglieder, Bundesminister und Bundeskanzler, der letzten sechs Bundesregierungen individuell untersucht werden. Hierbei soll eruiert werden, wie viele Personen mit narzisstischen Charakterzügen sich unter den Mitgliedern befunden haben. Vorher wird allerdings eine ausführliche Erklärung der Methodenwahl stattfinden. Wie die Forschungsfrage bereits vorwegnimmt, ist davon auszugehen, dass im Verhältnis zur Gesamtbevölkerung der Bundesrepublik Deutschland ein relativ hoher Anteil der Bundesminister narzisstische Persönlichkeiten aufweist.

Im dritten und letzten Teil der Abschlussarbeit sollen explizite Antworten auf die Forschungsfrage und somit Erklärungen für die Untersuchungsergebnisse gefunden werden. Hierbei sollen drei verschiedene Erklärungsansätze zur theoretischen Interpretation der Ergebnisse herangezogen werden: Erstens, eine gesamt gesellschaftliche Veränderung hin zu einer *narzisstischen Gesellschaft* (Maaz 2013). Zweitens, die Tatsache, dass Politik zwangsläufig zu Narzissmus verpflichtet (Maaz 2013, 189-200). Drittens, auf die Führungsperson zentrierte Erklärungen (Neuberger 2002, 157-161).

2. NARZISSMUS UND POLITIK

Im vorliegenden Kapitel soll eine ausführliche Einführung in das Thema Narzissmus und narzisstische Persönlichkeit erfolgen. Es soll aufgezeigt werden, dass in der psychologischen Fachliteratur eine starke Verbindung zwischen narzisstischer Persönlichkeit und des Erreichens und Bekleidens von hohen politischen Ämtern vermutet wird. Hierbei spielt vor allem der Faktor Macht eine besondere Rolle.

2.1. NARZISSMUS – EIN ÜBERBLICK

Der Begründer der Psychoanalyse Sigmund Freud (1856-1939) erwähnte den Begriff „Narzissmus" das erste Mal 1909 bei einem Vortrag vor der Psychoanalytischen Vereinigung in Wien (Hartmann 2006, 3). Ab 1910 tauchte der Begriff, der seinen Ursprung in der griechischen Mythologie hat (Maaz 2013, 7-10), regelmäßig in Freuds Publikationen auf (Hartmann 2006, 3) und wurde zu einer wesentlichen Erweiterung der psychoanalytischen Theorie (Resch/Möhler 2006, 37). Freud verwendete den Narzissmus-Begriff hauptsächlich um eine Objektbeziehung zwischen dem Individuum und seiner Umwelt zu beschreiben, die der Regulation des Selbstwertgefühls dienen soll (Hartmann 2006, 7). Nach Freud befindet sich der Mensch in seiner frühkindlichen Phase in einem harmonischen „Primärzustand". Dieser Primärzustand ist dadurch gekennzeichnet, dass das Kind zwischen sich selbst und seiner Umwelt noch nicht unterscheiden kann. Allerdings ist dieser Zustand des „primären Narzissmus" nicht von Dauer und das Kind muss lernen, dass es eine Trennung zwischen sich Selbst und der Umwelt gibt. In dieser Trennungsphase wird das Kind zwangsläufig mit einem Gefühl der Ohnmacht, mit Angst und Wut konfrontiert, was schlimmsten Falls zu einem bleibenden traumatischen Erlebnis führen kann. Kinder, die ein solches Trauma erleiden, flüchten sich laut Freud in eine „sekundär narzisstische" Besetzung des „Ichs" um das Selbstwertgefühl zu stabilisieren (Resch/Möhler 2006, 39; Neuberger 2002, 174-177). Der Psychoanalytiker Erich Fromm (1900-1980) kommt zu einem ähnlichen Ergebnis: *„ Man kann den Narzißmus als einen Erlebniszustand definieren, indem nur die Person selbst, ihr Körper, ihre Bedürfnisse, ihre Gefühle, ihre Gedanken, ihr Eigentum, alles und jedes, was zu ihr gehört, als völlig real erlebt wird, während alles und jedes, was keinen Teil der eigenen Person bildet oder nicht Gegenstand der eigenen Bedürfnisse ist, nicht interessiert, keine*

volle Realität besitzt [...]; affektiv bleibt es ohne Gewicht und Farbe" (Fromm zitiert nach Resch/Möhler 2006, 37).

Wie kein anderer in der Psychologie wurde Freud jedoch einer gründlichen Revision unterzogen (Watson 2010, 417) und auch sein postulierter Zustand des „primären Narzissmus" gilt mittlerweile als wissenschaftlich widerlegt (Wirth 2006a, 29; Wirth 2006b, 159). Der Narzissmus-Begriff war deswegen nicht obsolet. Ganz im Gegenteil, die psychologische Sachliteratur des 20. Jahrhunderts hat es zu einer Ausdifferenzierung des Begriffs beigetragen (Hartmann 2006, 3-18). Um es mit den Worten von Lilli Gast zu sagen: *„Kaum ein anderes Begriffskonzept der Psychoanalyse zeichnet sich das des Narzissmus durch eine überaus bewegte und wechselvolle Geschichte aus"* (Gast 2006, 132). Zu den bekanntesten Förderern des Begriffs zählen vor allem Alfred Adler (1870-1937), der Friedrich Wilhelm Nietzsches (1844-1900) „Willen zur Macht" übernommen und als zentralen Kompensationsmechanismus von Minderwertigkeitskomplexen erklärt hatte (Wirth 2006a, 80), Otto F. Kernberg, der in der Tradition Melanie Kleins (1882-1960) einen starken Zusammenhang zwischen Narzissmus und Neid vermutet (Hartmann 2006, 12; Akhtar 2006, 235-238) und Heinz Kohut (1913-1981), dessen Narzissmus-Begriff durch die Säuglingsforschung weitgehend bestätigt wurde und somit heute als die modernste und wissenschaftlich profundeste Narzissmus-Theorie betrachtet wird (Maaz 2013, 11; Wirth 2006a, 46; Hartmann 2006, 10). Die Ausführungen dieser Abschlussarbeit werden sich deshalb größtenteils auf die Narzissmus-Theorie Kohuts beziehen.

Ein Zitat Emilio Modenas fasst den Kern der Narzissmus-Theorie Kohuts besonders gut zusammen: *„Das Kind entwickelt sich kontinuierlich vom frühen Säuglings- bis ins Erwachsenenalter als Produkt einer einfühlenden spiegelnden Umwelt in deren Zentrum in der frühen Kindheit die Mutter (das „Selbstobjekt") steht. Versagt diese [...] den Dienst [...], können sich die angeborenen Fähigkeiten des Kindes nicht entwickeln, was zu einer narzisstischen Störung führt, zu einem schwachen, mangelhaften integrierten Selbst, welches [...] von Fragmentierung bedroht ist"* (Modena zitiert nach Maaz 2013, 11). Der große Unterschied zwischen Kohuts und Freuds Narzissmus-Verständnis ist, dass Kohut keine Entwicklung vom primären Narzissmus zu einer sekundär narzisstischen Besetzung des Ichs sieht, sondern eine vom archaischen zum reifen Narzissmus (Wirth 2006a, 46; Hartmann 2006, 11). Ein wesentliches Merkmal der Kohut'schen Theorie ist die sogenannte „Selbstobjektbeziehung", die das Kind in seiner frühkindlichen Phase hauptsächlich zu der Mutter aufbaut. Das Kind idealisiert die Mutter und muss somit zwangsläufig eine

schrittweise Enttäuschung durch das idealisierte Objekt erfahren. Im Falle einer traumatischen Enttäuschung lernt das Kind jedoch nicht die entstehende „Lücke" durch ein gesundes Selbst-Objekt zu schließen und bleibt im Zuge einer „narzisstischen Abwehr" entweder dauerhaft an dem idealisierten „Mutter-Imago" fixiert oder entwickelt eine narzisstische Überidealisierung des Selbst. Im ersten Fall ist die Folge eine lebenslange Bereitschaft zur Unterwerfung im Zuge einer ständigen Suche nach dominanten Führungspersönlichkeiten, die idealisiert werden können. Im zweiten Fall eine von Grandiosität und Allmächtigkeit zerfressene Selbstliebe (Wirth 2006a, 46; Neuberger 2002, 177-180).

Zusammenfassend lässt sich also sagen, dass der gestörte Narzissmus nach Kohut sich in zwei entgegengesetzte, sich jedoch auch komplementär ergänzende, Richtungen ausprägt: eine übermäßige Selbstliebe die als „Größenselbst" und eine fehlende Selbstliebe die als „Größenklein" bezeichnet wird (Maaz 2013, 17; Wirth 2006a, 46-50; Resch/Möhler 2006, 40). Als wesentliche Ursache eines pathologischen Narzissmus gilt ein sogenannter „Muttermangel" (Maaz 2013, 120; Neuberger 2002, 178), der durch unzureichende Responsivität, mangelndes Interesse und wenig Anerkennung gegenüber dem Säugling zur Geltung kommt (Hartmann 2006, 16). Allerdings sollte hierbei nicht der hohe genetische Einfluss verschwiegen werden, der durch die Zwillingsforschung und die Epigenetik immer wieder bestätigt wird (Torgersen 2006, 432; Maaz 2013 173).

2.2. DIE NARZISSTISCHE PERSÖNLICHKEIT

Der Narzissmus, schreibt Hans-Jürgen Wirth, gehört zur „anthropologischen Grundausstattung des Menschen und ist insofern weder gut noch böse" (Wirth 2006a, 26). Freud wiederum betont, dass der Narzissmus, genau wie der Egoismus, als Teil des Selbsterhaltungstriebs angesehen werden kann (Hartmann 2006, 7). Auch Kohut hebt die wichtige Rolle der angeborenen Triebkraft hervor, die dem Narzissmus innewohnt (Schröder 2005, 65). Daraus folgt, dass eine exakte Trennung zwischen gesundem und pathologischem Narzissmus nicht möglich ist (Hartmann 2006, 12). Hinzukommt, dass, wie Volker Faust prägnant zusammenfasst, „krank ist, wen die Gesellschaft für Krank hält" (Faust 2012, 13) und somit der kulturellen Wahrnehmung von „Normalität" eine bedeutende Rolle zukommt (Schröder 2005, 63). Nach Adler sollten deshalb kranke und gesunde Persönlichkeiten

niemals kategorisiert werden sondern stets skaliert – *„die Einen eher hier, die Anderen eher dort"* (Hartmann 2007, 27).

Um gesunden vom kranken Narzissmus zu unterscheiden wählt Wirth eine relativ einfache Definition. Für ihn lässt sich eine gesunde Psyche ausschließlich durch die Abwesenheit von pathologischen Mechanismen beschreiben (Wirth 2006a, 32). Maaz hingegen erklärt, dass ein gesundes Selbst „charakterlos" ist. Er schreibt: *„In jeder Lebenslage wird sich ein gesundes Selbst nach seinen Möglichkeiten zu verwirklichen trachten und dabei die Umweltfaktoren berücksichtigen – sich adäquat anpassen, sich durchsetzen und behaupten oder verhandeln und kämpfen, um die Bedingungen zu verändern. Das gestörte Selbst entwickelt einen „Charakter", der helfen soll, die Defizite des Selbst und die vollzogenen Entfremdungen zu beschützen und sich charakterlich festgelegt immer so zu verhalten, dass die Störung des Selbst möglichst nicht schmerzt"* (Maaz 2013, 18). Auch Hartmann misst dem Konzept des Charakters[3] eine bedeutende Rolle bei der Analyse von Persönlichkeiten zu. Der Charakter einer Person ließe sich ferner durch sogenannte „Persönlichkeitsmerkmale" bestimmen (Hartmann 2007, 29-30). Ein narzisstischer Charakter würde dementsprechend pathologisch narzisstische Persönlichkeitsmerkmale aufweisen.

Laut dem Standardwerk der Psychiatrie, dem *Diagnostic and Statistical Manual of Mental Disorders* (DSM-IV-TR), lassen sich die grundlegenden Persönlichkeitsmerkmale einer Narzisstischen Persönlichkeitsstörung wie folgt zusammenfassen (Faust 2012, 20-21; Akhtar 2006, 248-249):

- o Die Person hat ein grandioses Gefühl der eigenen Wichtigkeit.
- o Die Person ist stark eingenommen von Fantasien des Erfolges und der Macht.
- o Die Person glaubt von sich „besonders" und einzigartig zu sein.
- o Die Person verlangt ständig nach Bewunderung.
- o Die Person legt ein Anspruchsdenken an den Tag, d.h. übertriebene Erwartungen.
- o Die Person ist in zwischenmenschlichen Beziehungen ausbeuterisch.
- o Die Person zeigt ein Mangel an Empathie.
- o Die Person ist häufig neidisch.
- o Die Person zeigt arrogante Verhaltensweisen.

---

[3] Die Begriffe „Charakter" und „Persönlichkeit" werden in dieser Abschlussarbeit synonym verwendet.

Auch die *International Statistical Classification of Diseases and Related Health Problems* (ICD-10), welches von der Weltgesundheitsorganisation herausgegeben wird, schließt sich dieser Merkmale gänzlich an (Hartmann 2006, 19). Salman Akhtar ergänzt die Merkmale der DSM-IV-TR und ICD-10 um den Hinweis, dass die narzisstische Persönlichkeit zwar *„nach außen grandios, verächtlich gegenüber anderen, erfolgreich, enthusiastisch in Bezug auf Ideologien, verführend und oftmals auffällig artikuliert"* wirkt, *„innerlich allerdings ist sie von Zweifeln geplagt, neidisch, gelangweilt, unfähig zu echten Sublimierungen, unfähig zu lieben, korrumpierbar, vergesslich und in ihrer Lernfähigkeit beeinträchtigt"* (Akhtar zitiert nach Schröder 2005, 67). Den kompensatorischen Charakter dieser Persönlichkeitsmerkmale, die lediglich der Verschleierung des vermeintlichen Makels und Minderwertigkeit dienen, hebt auch Maaz besonders hervor (Maaz 2013, 94).

Bei diesen Merkmalen, die lediglich als eine Orientierung dienen sollen (Schneider zitiert nach Schröder 2005, 57), gilt es zu bedenken, dass eine Persönlichkeit nur *„die Summe aller psychischen Eigenschaften und Verhaltensbereitschaften, die dem einzelnen seine eigentümliche, unverwechselbare Individualität verleihen"*, sein kann (Peters zitiert nach Schröder 2005, 53). Kurt Schneider (1887-1967) schrieb hierzu: *„[Persönlichkeits-] Typen sind erste und im Hinblick auf das Individuelle stets grobe Orientierungspunkte von grundsätzlicher Einseitigkeit"* (Schneider zitiert nach Schröder 2005, 58). Es soll daher bereits an dieser Stelle betont werden, dass die in Kapitel 3 gefundenen Untersuchungsergebnisse nur durch eine äußere Beobachtung zu Stande gekommen sind und somit nur als indirekte Hinweise, jedoch nicht als abschließenden Beurteilung über die Psyche von Personen betrachtet werden können. Die seelische Gesundheit von Personen kann letztendlich nur ein Psychotherapeut beurteilen. Des Weiteren sollten die Personen, denen ich auf Grund meiner Untersuchungsergebnisse eine narzisstische Persönlichkeit unterstelle, weder dämonisiert werden, was laut Wirth gar einer umgekehrten Idealisierung gleich kommen würde (Wirth 2006a, 19), noch das negative Bild des Narzissmus (Wirth 2006a, 24) auf sie übertragen werden.

Abschließend kann gesagt werden, dass Persönlichkeitsstörungen wie der pathologische Narzissmus ausschließlich durch einen Psychotherapeuten feststellbar sind, die Persönlichkeitsmerkmale die den pathologischen Narzissmus jedoch begleiten, auf eine narzisstische Persönlichkeit schließen lassen. Die narzisstische Persönlichkeit muss somit auf der von Adler postulierten Skala (Hartmann 2007, 27) unterhalb des pathologischen Narzissten eingeordnet werden.

2.3. NARZISSMUS UND POLITIK

Die narzisstische Persönlichkeit neigt dazu, in der frühen Kindheit erlebte traumatische Ohnmacht, die zu einem Minderwertigkeitskomplex geführt hat, durch eine Überkompensation zu verdrängen. Die Art und Stärke der Kompensation ist je nach Person unterschiedlich, macht sich jedoch in den meisten Fällen durch Machtstreben, Egoismus und Arroganz bemerkbar (Faust 2012, 20-21; Akhtar 2006, 248-249; Hartmann 2006, 19). Eine besondere Bedeutung kommt dem sogenannten Machtstreben zu. Wirth schreibt hierzu: *„Die Erfahrung, auf den anderen und sein Wohlwollen in fundamentaler Weise angewiesen zu sein, gehört zu den schmerzlichsten, aber auch beglückendsten Erfahrungen, denen jeder Mensch vom Beginn seines Lebens an immer wieder ausgesetzt ist. Die Ausübung von Macht und der pathologische Narzissmus stellen Strategien dar, um dieser Abhängigkeit zu entgehen"* (Wirth 2006b, 160). Auch Maaz betont, wie wichtig der Zugang zur Macht für die Kompensation des hauptsächlich männlichen Größenselbst-Narzissmus sei. Frauen hingegen neigen dazu häufig ihren Narzissmus im Schönheitskult zu kompensieren (Maaz 2013, 115). Laut Wirth ist die Politik ein Bereich in dem die „reinste" Form der Macht ausgeübt werden kann: *„In der Wirtschaft geht es in erster Linie um den wirtschaftlichen Erfolg. Um diesen zu erreichen, muss Macht ausgeübt werden. Auch wenn sie reichlich vorhanden ist, hat sie doch nur dienenden Charakter. Der Politiker hingegen kann sich ausschließlich auf die Macht konzentrieren. Ihre Ausübung verknüpft sich ganz mit seiner Person und damit auch mit seinen narzisstischen Problem"* (Wirth 2006a, 54). Der Soziologe Max Weber (1864-1920) hatte in seiner Publikation von 1921 *Wirtschaft und Gesellschaft* auf die zentrale Rolle der Macht in der Politik hingewiesen (Weber 1921, 28). Für Weber ist Macht: *„jede Chance, innerhalb einer sozialen Beziehung den eigenen Willen auch gegen Widerstreben durchzusetzen, gleichviel worauf diese Chance beruht"* (Weber zitiert nach Kaina 2009, 391; Weber zitiert nach Wirth 2006a, 110). Da der Staat immer das Gewaltmonopol innehat, schlussfolgert Weber, dass Politiker Menschen sind, die Macht anstreben (Wirth 2006a, 110). Weber betont jedoch den Unterschied zwischen Macht und Herrschaft. Herrschaft sei im Gegensatz zur Macht immer legitimiert (Neuberger 2002, 146). Auch Hartmann betont, dass

es in der Politik um Macht geht und diese immer die Kontrolle über Menschen und Ereignisse beinhaltet (Hartmann 2007, 23). Grundvoraussetzung dieser Analyse ist, dass eine narzisstische Persönlichkeit nach Macht streben muss, um ihre vermeintlichen Defizite zu kompensieren. Wenn die „reinste" Form der Macht in der Politik zu finden ist, wie Wirth betont (Wirth 2006a, 54), so müsste ein erheblicher Anteil von Politikern eine narzisstische Persönlichkeit aufweisen. In seinem Buch *Narzissmus und Macht* dokumentiert er den Zusammenhang zwischen Narzissmus, Macht und Politik anhand der psychologischen Profile von Uwe Barschel, Helmut Kohl und Slobodan Milosevic (Wirth 2006a). Auch Maaz hat diesen Zusammenhängen in seinem Buch *Die narzisstische Gesellschaft* ein ganzes Kapitel mit dem Titel *Politik ist narzissmuspflichtig* gewidmet (Maaz 2013). Vor allem in der Elitenforschung wird anhand von sogenannten „psychologisch biografischen Studien" der Zusammenhang zwischen *Persönlichkeit und Politik* hergestellt (Hartmann 2007, 23-24), wohingegen empirische Studien über die Verteilung von narzisstischen Persönlichkeiten in der Politik kaum in den Fokus gerückt sind.

Im vorliegenden Kapitel soll eine Untersuchung der 85 Mitglieder der Bundesregierungen von 1991 bis 2013 erfolgen. Hierbei soll aufgezeigt werden, wie viele Personen mit narzisstischen Charakterzügen sich unter den Mitgliedern befunden haben und eventuelle Muster, die dem Geschlecht, der Parteizugehörigkeit oder der Ost- Westsozialisation zu verdanken sein könnten, ausfindig gemacht werden. Vorher wird allerdings eine ausführliche Erklärung der Methodenwahl und der Indikatoren stattfinden.

3.1. METHODEN- UND FALLAUSWAHL

Für die Elitenforscherin Viktoria Kaina setzt sich die „Machtelite" aus einem *„verhältnismäßig kleinen Personenkreis zusammen, dessen Mitglieder Macht ausüben, weil sie allgemeinverbindliche politische Entscheidungen treffen oder beeinflussen"* (Kaina 2009, 389). Die Mitglieder der Bundesregierungen der Bundesrepublik Deutschland müssten, nach Betrachtung ihrer Machtmittel und Möglichkeiten (Schmidt 2008, 71-75), somit der sogenannten Machtelite zugerechnet werden. Obwohl die Autorin des Buches *The Elite Connection*, Eva Etzioni-Halevy, eine Ressourcen orientierte Eliten-Definition vertritt, kann man auch nach der von ihr verwendeten Definition die Bundesregierungen der Machtelite zurechnen (Etzioni-Halevy 1993, 95). Etzioni-Halevy schreibt hierzu: *„As noted, elites are defined as those people who have an inordinate share of power, on the basis of their active control of resources. Resources are simply those things which are scare, which affect people's live, which at least some people require or want, and for which there is more demand than supply"* (Etzioni-Halevy 1993, 94). Wenn also laut Wirth die Politik ein gesellschaftlicher Bereich ist, an dem die „reinste" Form der Macht ausgeübt wird (Wirth 2006a, 54), so ist das Privileg, Mitglied der Bundesregierung zu sein, eine Position, die im Rahmen des politischen

Systems der Bundesrepublik[4] die höchst mögliche Anhäufung von politischer Macht garantiert. Bundesregierungen eignen sich somit besonders gut, um zu untersuchen, ob und wie narzisstische Persönlichkeiten nach Macht streben.

Die Untersuchungen der Bundesregierungen beginnen ab dem Jahr 1991. Dies liegt vor allem daran, dass seit der ersten gesamtdeutschen Bundestagswahl am 2. Dezember 1990 auch die in der ehemaligen Deutschen Demokratischen Republik (DDR) sozialisierten Personen die Möglichkeit besaßen, Mitglied einer Bundesregierung zu werden. Zwar sind gemessen am ostdeutschen Bevölkerungsanteil die ostdeutschen Eliten immer noch in der Machtelite des vereinten Deutschlands unterrepräsentiert (Kaina 2008, 403), allerdings lassen sich trotzdem vielleicht Rückschlüsse von der Ost- West-Sozialisation auf eine narzisstische Persönlichkeit ziehen. Die Betonung liegt hierbei auf dem Wort „Sozialisation", das nach Klaus Hurlemann „die Anpassung der individuellen Psyche an die gesellschaftliche Realität" beschreibt (Hurlemann zitiert nach Rattinger 2009, 130). Der ehemalige Bundesminister des Innern Hans-Dietrich Genscher zum Beispiel würde somit in die Kategorie West-Sozialisation fallen, da er trotz seiner Geburt bei Halle an der Saale, weniger als drei Jahre in der DDR gelebt hatte (Genscher 2013).

Zwischen 1991 bis 2013 gab es sechs Bundesregierungen: Kabinett Kohl IV und V, Kabinett Schröder I und II und Kabinett Merkel I und II, die aus insgesamt 85 Personen bestanden haben. Die Zahl der Personen ist somit deutlich niedriger als die Zahl der Ministerposten in den sechs Regierungen, was daran liegt, dass Personen es häufig schafften einen Ministerposten in mehreren Kabinetten nacheinander zu besetzen. Angela Merkel zum Beispiel war zuerst im Kabinett Kohl IV Bundesministerin für Familie, Senioren, Frauen und Jugend, im Kabinett Kohl V jedoch Bundesministerin für Umwelt, Naturschutz und Reaktorsicherheit und schließlich im Kabinett Merkel I und II als Bundeskanzlerin für die Richtlinien der Regierung zuständig (Deutscher Bundestag 2013).

Als Indikator für eine narzisstische Persönlichkeit wird in der Untersuchung korruptes Verhalten verwendet, obwohl zu fragen bleibt, inwieweit Korruption als alleiniger Indikator ausreicht um eine narzisstische Persönlichkeit zu charakterisieren. Kernberg beschreibt Korruption als „die unvermeidbare Konsequenz aus der rücksichtslosen Verdrängung der äußeren Gruppe an den Rand des Systems" (Kernberg zitiert nach Wirth 2006a, 77). Als „äußere Gruppe" bezeichnet Kernberg all die Personen, die von einer narzisstischen Persönlichkeit fälschlicherweise als „Gegner" wahrgenommen werden. Um als „Gegner"

---

[4] Hierbei sollten die zusätzlichen Machtmittel des Bundekanzlers beachtet werden (Schmidt 2008, 71-75).

wahrgenommen zu werden reicht es häufig schon aus wenn eine Person sich nur eingeschränkt mit der narzisstischen Persönlichkeit solidarisiert beziehungsweise Kritik übt, auch wenn diese gut gemeint ist. Durch die Verdrängung der „äußeren Gruppe" ist der Narzisst somit nur noch von einer „inneren Gruppe" umgeben, die häufig sogar die moralisch verwerflichsten Handlungen der narzisstischen Persönlichkeit nicht mehr in Frage stellt (Wirth 2006a, 76-77). Die Macht einer narzisstischen Persönlichkeit muss somit fast zwangsläufig korrumpieren, da häufig keine moralisierenden Instanzen mehr um den Narzissten vorhanden sind (Wirth 2006a, 23-26). Wirth betont wie wichtig Korruption beziehungsweise kriminelles Verhalten für eine narzisstische Persönlichkeit sein kann. Er schreibt: „[...] die Missachtung der Gesetze stellt eine besonders intensive Form der narzisstischen Befriedigung dar, indem sie die vollständige Souveränität des allmächtigen Ichs beweist" (Wirth 2006a, 196). Auch Michael Stone resümiert in seinem Artikel Narzissmus und Kriminalität, dass kriminelles Verhalten und Narzissmus unauflöslich miteinander verknüpft sind (Stone 2006, 405). Korruption beziehungsweise Machtmissbrauch, Vorteilsnahme oder Untreue als Ausprägungen von kriminellem Verhalten eignen sich somit hervorragend als Indikator, um Narzissmus von außen zu messen.

Laut Manfred G. Schmidt ist Korruption in der Politik „ein Fehlverhalten, das charakterisiert ist durch den Machtmissbrauch eines öffentlichen Amtes durch Normenverstoß und Inkaufnahme der Schädigung von Kollektivinteressen, der zwecks Mehrung privaten Nutzens oder Vorteilerlangung für Dritte erfolgt und in der Regel geheimgehalten wird" (Schmidt 2010, 437-438). Dementsprechend wäre die Entgegennahme von Spendengeldern für die eigene Partei ebenfalls ein Fall von Korruption, da der Zweck auch in einer Vorteilsnahme für Dritte erfolgen kann. Der Faktor der Geheimhaltung stellt allerdings ein erhebliches Problem bei der Ermittlung von Korruption dar. So kann zum Beispiel allgemein davon ausgegangen werden, dass im Laufe der CDU-Spenden-Affäre in den 1990er-Jahren nur die Blüten im Sumpf der Korruption sichtbar wurden (Spiegel 1993). Auch in dieser Abschlussarbeit wird korruptes Verhalten nur festgestellt, wenn eines oder mehrere von bestimmten Kriterien erfüllt worden sind: Die Person gesteht persönlich ihr korruptes Verhalten, die Staatsanwaltschaft nimmt ein Ermittlungsverfahren gegen die Person auf, ein Gericht verurteilt eine Person aufgrund von Korruption, die Person tritt freiwillig von seinem Amt zurück oder die Person wird durch eine ihm höher gestellte Person aus dem Amt entfernt. Als Beispiel für letztgenanntes eignet sich Rudolf Scharping, der wegen dubioser Börsengeschäfte mit seinem PR Berater 2002 nach der sogenannten „Hunzinger-Affäre" von Bundeskanzler

Gerhard Schröder aus dem Amt des Bundesministers der Verteidigung entlassen wurde, obwohl er bis zuletzt die gegen ihn erhobenen Vorwürfe für unbegründet hielt und sich keiner Schuld bewusst war (Spiegel Online 2002).

Wie eingangs aufgeführt, soll mit dieser Abschlussarbeit verdeutlicht werden, wie einerseits narzisstische Persönlichkeitszüge das Erreichen und Bekleiden von hohen politischen Ämtern fördern und andererseits der Zugang zu (politischer) Macht bereits vorhandene narzisstische Charakterzüge des Individuums verstärken kann. Es muss somit auch untersucht werden, ob die 85 Mitglieder der Bundesregierungen von 1991 bis 2013 bereits vor oder nach ihrer Zugehörigkeit zur Bundesregierung durch korruptes Verhalten aufgefallen sind. Als Beispiele können hier der ehemalige Bundesminister für Ernährung, Landwirtschaft und Verbraucherschutz Karl-Heinz Funke herangezogen werden, der erst Jahre nach seinem Ausscheiden aus dem Amt durch Korruption auffiel (NWZ Online 2012). Ein anderes Beispiel ist der ehemalige Bundesminister der Verteidigung Karl-Theodor zu Guttenberg, der wegen einer Urheberrechtsverletzung im Rahmen seiner juristischen Dissertation als er noch kein Mitglied der Bundesregierung war, von seinem Amt zurück treten musste (Spiegel Online 2011).

Die untersuchten Personen werden somit in drei Gruppen eingeteilt: Gruppe 1, Personen denen durch die Untersuchung kein korruptes Verhalten und somit auch keine narzisstische Persönlichkeit nachgewiesen werden kann. Gruppe 2, Personen die vor oder nach ihrer Mitgliedschaft in den Bundesregierungen durch Korruption aufgefallen sind und denen somit eine narzisstische Persönlichkeit attestiert wird. Und Gruppe 3, Personen die ausschließlich während sie ein Mitglied einer der genannten Bundesregierungen waren durch korruptes Verhalten aufgefallen sind. Bei ihnen wird nicht nur eine narzisstische Persönlichkeit angenommen, vielmehr wird bei Ihnen vermutet, dass bereits vorhandene narzisstische Charakterzüge erst durch das Amt und die damit einhergehende Macht verstärkt wurden und zum Vorschein kamen.

Zum Ablauf der Untersuchung: Es wird ausschließlich die größte und bekannteste Internet-Suchmaschine *Google* unter der Konfiguration „News" benutzt. Es wird jeweils der vollständige Name der zu untersuchenden Person mit den Worten "Korruption" oder „Affäre" eingegeben. Es werden jeweils nur die Ergebnisse der ersten Seite bei *Google* berücksichtigt und auch nur Online-Artikel der *größten Zeitungen der Republik* berücksichtigt (Focus 2005). Hierbei muss vor allem beachtet werden, dass nur Affären, die mit Korruption einhergehen berücksichtigt wurden. Die Verwicklung von Hans-Dietrich Genscher in die

sogenannte „Guillaume-Affäre" zum Beispiel wird aus diesem Grund nicht berücksichtigt, da er einerseits Opfer der Affäre war und es andererseits um Spionage und nicht um Korruption ging.

3.2. ERGEBNISSE DER UNTERSUCHUNG

Von den 85 Kabinettsmitgliedern zwischen 1991 bis 2013 waren insgesamt 14 Bundesminister in einen Korruptions-Skandal verwickelt und müssten mit Bezug auf die eingangs aufgeführte These über eine narzisstische Persönlichkeit verfügen. Dieser Wert entspricht einem Anteil von etwa 16% und ist damit eine überdurchschnittliche Größe. Nach Norbert Hartkamp et al. beträgt die Epidemiologie von pathologischen Narzissmus in der allgemeinen Bevölkerung unter 1% (Hartkamp et al. 2002, 218-220). Auch Hans-Peter Hartmann geht von diesem Wert aus, unterstreicht aber, dass die Häufigkeit von narzisstischen Persönlichkeitsstörungen vermutlich unterschätzt wird (Hartmann 2006, 18). Faust, der Hartmanns Einschätzung über eine deutlich höhere Epidemiologie teilt, begründet dies damit, dass insbesondere Menschen mit narzisstischen Persönlichkeiten im Dienste einer narzisstischen Abwehr vermutlich keinen Psychotherapeuten aufsuchen (Faust 2012, 25-26). Zusammengefasst lässt sich also sagen, dass obwohl hier von einer konservativ geschätzten Epidemiologie von unter 1% ausgegangen wird, die in den Bundesregierungen gefunden 16% deutlich überdurchschnittlich sind.

Die 14 Mitglieder der Bundesregierungen von 1991 bis 2013, die durch korruptes Verhalten aufgefallen sind, heißen namentlich: Helmut Kohl, Wolfgang Schäuble, Manfred Kanther, Jürgen Möllemann, Günther Krause, Jürgen Rüttgers, Karl-Heinz Funke, Rudolf Scharping, Reinhard Klimmt, Karl-Theodor zu Guttenberg, Franz Josef Jung, Sigmar Gabriel, Ronald Profalla und Annette Schavan. Hier fällt vor allem auf, dass die ehemalige Bundesministerin für Bildung und Forschung, Annette Schavan, die einzige weibliche Person ist, die sich korrupt verhalten hat. Ursächlich gibt es dafür mehrere Gründe. Konsens ist, dass Frauen, auch wenn sich gerade in der Politik viel verbessert hat (Gruber 2009, 84), generell im Elitensektor unterrepräsentiert sind (Kaina 2009, 402). So sind auch in dieser Untersuchung lediglich 20 Mitglieder der Bundesregierungen weiblich, was einer durchschnittlichen Quote von etwa 24% entspricht. Zugleich vermutet Hartmann, dass narzisstische Persönlichkeitsstörungen deutlich häufiger bei Männern als bei Frauen auftreten (Hartmann 2006, 19). Carolyn Morf und Frederick Rhodewalt konstatieren lediglich Unterschiede in der

Ausprägung von weiblichem und männlichem Narzissmus (Morf / Rhodewalt 2006, 336-338). Auch Maaz betont, dass die Machtausübung für die Kompensation des hauptsächlich männlichen Größenselbst-Narzissmus besonders wichtig ist. Frauen hingegen versuchten häufig ihren hauptsächlichen Größenklein-Narzissmus im Schönheitskult zu kompensieren (Maaz 2013, 115).

Tabelle 1 fasst die 14 Mitglieder der Bundesregierungen von 1991 bis 2013 zusammen, die durch korruptes Verhalten aufgefallen sind und gibt auch über das Geschlecht, die Parteizugehörigkeit und die Ost- West-Sozialisation Auskunft:

Tabelle 1: Durch korruptes Verhalten aufgefallene Mitglieder der Bundesregierungen von 1991 bis 2013.

Name	Parteizugehörigkeit	DDR-Sozialisation?	Name der Affäre	Korruptions-Gruppe
Helmut Kohl	CDU	Nein	CDU-Spendenaffäre	3
Wolfgang Schäuble	CDU	Nein	CDU-Spendenaffäre	3
Manfred Kanther	CDU	Nein	CDU-Spendenaffäre	3
Jürgen Möllemann	FDP	Nein	Briefbogen-Affäre Flugblatt-Affäre	3
Günther Krause	CDU	Ja	Putzfrauen-Affäre	3
Jürgen Rüttgers	CDU	Nein	Sponsoring-Affäre Spenden-Affäre	2
Karl-Heinz Funke	SPD	Nein	Funke-Affäre	2
Rudolf Scharping	SPD	Nein	Mallorca-Affäre Hunzinger-Affäre	3
Reinhard Klimmt	SPD	Nein	Doerfert-Affäre	3
Karl-Theodor zu Guttenberg	CSU	Nein	Plagiats-Affäre	2
Franz Josef Jung	CDU	Nein	CDU-Spendenaffäre	2
Sigmar Gabriel	SPD	Nein	VW-Affäre	2
Annette Schavan	CDU	Nein	Plagiats-Affäre	2
Ronald Profalla	CDU	Nein	Steuerhinterziehung	2

Angesichts der 14 vorliegenden Korruptionsfälle, fällt lediglich der Ex-Bundesminister für Verkehr, Bau und Stadtentwicklung Günther Krause auf, der in der ehemaligen DDR sozialisiert wurde. Ähnlich wie bei dem Geschlecht, gibt es auch hier mehrere mögliche Erklärungen. So sind, gemessen am ostdeutschen Bevölkerungsanteil, die ostdeutschen Eliten immer noch in der Machtelite des vereinten Deutschlands unterrepräsentiert (Kaina 2008, 403). Leidglich neun der 85 untersuchten Mitglieder der Bundesregierungen von 1991 bis 2013 hatten eine Sozialisation in der ehemaligen DDR. Das entspricht einer durchschnittlichen Quote von etwa 10% und ist somit nur halb so groß wie der verhältnismäßige Anteil, bezogen auf die Gesamtbevölkerung der Bundesrepublik. Eine andere mögliche Ursache jedoch könnte sein, dass die kollektivistisch geprägte Sozialisation der DDR (Schmidt 2010, 406-407) weniger narzisstische Persönlichkeiten in ihrer Bevölkerung hervorbrachte. Dies wäre der Umkehrschluss der Argumentation, dass der westliche Individualismus in einer zunehmend narzisstischen Gesellschaft mündet (Schröder 2005, 8-12; Diamond 2006, 171-174).

Bezogen auf die Parteizugehörigkeit zeichnet sich kein einheitliches Bild ab, jedoch ist eine leichte Tendenz festzustellen, die zeigt, dass korruptes Verhalten eher im rechten beziehungsweise konservativen Lager auffindbar ist. So haben neun der 14 vermeintlich narzisstischen Persönlichkeiten eine Parteizugehörigkeit zu der Christlich Demokratischen Union Deutschlands und nur vier zu der Sozialdemokratischen Partei Deutschlands. Dieses Ergebnis hat allerdings weniger mit der politischen Ideologie der jeweiligen Partei zu tun, als vielmehr mit der Tatsache, dass die CDU gefolgt von der SPD die stärkste Machtstellung im politischen System der Bundesrepublik und somit auch in den Bundesregierungen von 1991 bis 2013 hatte (Sauer 1997, 305). Jedoch sollte nicht übersehen werden, dass eine konservative und marktliberale Ideologie, wie sie von der CDU propagiert wird, einer nach Macht strebenden narzisstischen Persönlichkeit sicher mehr Möglichkeiten zum Ausleben des eigenen Narzissmus ermöglicht, als die Ideologie der SPD, die einer sozialen Marktwirtschaft anhängt.

Zuletzt soll noch auf das bemerkenswerteste Ergebnis der Untersuchung eingegangen werden. Exakt die Hälfte der 14 durch Korruption aufgefallen Mitglieder der Bundesregierungen von 1991 bis 2013 sind bereits vor ihrer Mitgliedschaft in einer der Bundesregierungen durch korruptes Verhalten auffällig geworden und müssen demnach in die Korruptions-Gruppe 2 eingeteilt werden. Im Umkehrschluss bedeutet dies, dass die anderen sieben Personen Helmut

Kohl, Wolfgang Schäuble, Manfred Kanther, Jürgen Möllemann, Günther Krause, Rudolf Scharping und Reinhard Klimmt, der Korruptions-Gruppe 3 zu geordnet werden müssen. Bei diesen Personen wird nicht nur eine narzisstische Persönlichkeit angenommen, vielmehr wird bei Ihnen vermutet, dass bereits vorhandene narzisstische Charakterzüge erst durch das Amt und die damit einhergehende Macht verstärkt wurden und zum Vorschein kamen. Die Aussage des britischen Politikers Lord Acton, *„Macht korrumpiert, absolute Macht korrumpiert absolut"* (Leinemann zitiert nach Wirth 2006a, 9), konnte durch diese Untersuchung zumindest nicht entkräftet werden. Auch der amerikanische Sozialpsychologe Philip Zimbardo betont immer wieder den korrumpierenden Effekt der Macht. Er schrieb nach dem Abbruch des berühmten „Stanford-Prison-Experiments[5]" im Jahr 1971: *„ Wenn man ganz normalen Menschen eine Machtposition gibt, wird sich ihr Verhalten dramatisch ändern. Die Studie zeigt, wie leicht es ist, aus guten Menschen Teufel zu machen"* (Zimbardo zitiert nach Wirth 2006a, 23-24). Wirth hingegen erklärt, dass es sich bei Narzissmus und Macht um zwei Seiten derselben Medaille handelt: *„der Narzissmus ist nicht nur eine der zentralen psychischen Voraussetzungen zur Ausübung von Macht, sondern die Ausübung von Macht ist auch eine wirkungsvolle Stimulans für das narzisstische Selbsterleben"* (Wirth 2006a, 75).

Zusammenfassend lässt sich sagen, dass der Anteil von narzisstischen Persönlichkeiten in den Bundesregierungen von 1991 bis 2013 überdurchschnittlich hoch war und hauptsächlich aus männlichen Personen bestand, die nicht in der ehemaligen DDR sozialisiert wurden. Bei der Hälfte von Ihnen konnte spätestens als sie ein Ministeramt bekleideten Korruption und somit eine narzisstische Persönlichkeit nachgewiesen werden.

---

[5] Beim Stanford-Prison-Experiment wurden Probanden nach Zufall in „Wärter" und „Gefangene" eingeteilt und mussten den Alltag im Gefängnis nachleben. Das Experiment musste abgebrochen werden nachdem die „Wärter" begannen die „Gefangenen" zu foltern (Wirth 2006a, 24).

4. THEORETISCHE INTERPRETATION DER ERGEBNISSE

Obwohl die Untersuchung im letzten Kapitel gezeigt hat, dass ein überdurchschnittlich hoher Anteil von narzisstischen Persönlichkeiten unter den Mitgliedern der Bundesregierungen von 1991 bis 2013 war, konnten bis jetzt noch keine Antworten auf die Frage, warum dies so ist, gegeben werden. Dieser Teil der Abschlussarbeit soll explizite Antworten auf die Forschungsfrage und die Untersuchungsergebnisse geben. Hierbei sollen drei verschiedene Erklärungsansätze zur theoretischen Interpretation der Ergebnisse dienen: Erstens, eine gesamt gesellschaftliche Veränderung hin zu einer *narzisstischen Gesellschaft* (Maaz 2013). Zweitens, die Tatsache, dass Politik Narzissmus pflichtig ist (Maaz 2013, 189-200). Drittens, auf die Führungsperson zentrierte Erklärungen (Neuberger 2002, 157-161).

4.1. DIE NARZISSTISCHE GESELLSCHAFT

Der Fachbegriff „Narzissmus" hat im Volksmund Hochkonjunktur behauptet Faust und macht darauf aufmerksam, dass „Volkes Stimme" immer auch ein Stück weit den psychopathologischen Zustand der Gesellschaft widergibt (Faust 2012, 5). Diamond bekräftigt Fausts Einschätzung einerseits, geht aber darüber hinaus, indem sie die Reziprozität gesellschaftlicher und psychologischer Aspekte des Narzissmus konstatiert: *„Während es einen eindeutigen Zusammenhang zwischen kulturellen Strömungen und Persönlichkeitsbildung gibt, resultiert die Charakterentwicklung stets aus einer starken Adaptierung kulturell unterfütterter Muster einerseits und Anforderungen der innerpsychischen Welt der Triebe, Affekte und Objektbeziehungen andererseits"* (Diamond 2006, 172). Andreas Schröder belegt in einer empirischen Studie eine Zunahme der Patienten mit narzisstischer Persönlichkeitsstörung in der zweiten Hälfte des 20. Jahrhunderts (Schröder 2005, 271-272), was wiederum korreliert mit der Einschätzung des Psychoanalytikers Maaz, der grundsätzlich davon ausgeht, dass die moderne Gesellschaft narzisstisch ausgeprägt ist (Maaz 2013). Der Psychotherapeut Michael Froese, der sich mit der psychopathologischen Geschichte der DDR beschäftigt hat, kommt bereits 1991 zu demselben Ergebnis wie Maaz

und schreibt, dass sich die Bevölkerung Ostdeutschlands *von der autoritären in die narzisstische Gesellschaft* transformiert hat (Froese 1991, 202-211).

Geklärt war damit allerdings noch nicht die Frage, was eine narzisstische Gesellschaft bedingt. Der Begriff „narzisstische Gesellschaft" geht auf den amerikanischen Sozialpsychologen Christopher Lasch zurück, der bereits 1979 vom *Zeitalter des Narzissmus* sprach (Wirth 2006a, 25). Lasch bezieht seine Argumentation zwar auf die amerikanische Gesellschaft, sie ließe sich jedoch laut Schröder auf jede westliche Gesellschaft übertragen (Schröder 2005, 15). Lasch behauptet, dass die amerikanische Gesellschaft in doppelter Hinsicht narzisstisch sei: Einerseits ermöglicht und unterstützt sie narzisstische Persönlichkeiten dabei prominent zu werden und andererseits provoziert sie bei jedem Mitglied der Gesellschaft narzisstische Charakterzüge (Lasch zitiert nach Schröder 2005, 8). Lasch beurteilt die narzisstische Gesellschaft unmissverständlich negativ (Wirth 2006a, 25) und beschreibt sie als eine „Kultur der Oberflächlichkeit", in der gesellschaftliche Regeln nur noch aus Angst vor Strafe eingehalten werden (Schröder 2005, 9). Verantwortlich für diese neue Kultur mitsamt ihrer Werte macht Lasch drei große Veränderungen seit dem Zweiten Weltkrieg: erstens, eine zunehmende Bürokratisierung, die zur Erstickung der Eigeninitiative und zur Zerstörung der Moral geführt hat. Zweitens, ein alles durchdringender „Konsumkult", der durch die Invasion der Gesellschaft und der Familie durch die Industrie entstanden ist. Und drittens, die stetig steigende Macht der Massenmedien, die hauptsächlich eine einseitige und stereotype Darstellung der Individualität propagieren (Diamond 2006, 172; Schröder 2005, 10).

Ein Zusammenhang zwischen einer zunehmend narzisstischeren Gesellschaft und einem überdurchschnittlich hohen Anteil von narzisstischen Persönlichkeiten in den Bundesregierungen von 1991 bis 2013 kann auf zwei verschiedenen Wegen hergestellt werden. Zunächst einmal durch eine Tautologie, die nämlich besagt, dass mit steigender Anzahl von narzisstischen Persönlichkeiten in einer Gesellschaft auch der potentielle Anteil von narzisstischen Persönlichkeiten in der Machtelite beziehungsweise in den Bundesregierungen steigen kann. Des Weiteren durch die Tatsache, dass die Mitglieder einer narzisstischen Gesellschaft nicht verhindern, dass narzisstische Persönlichkeiten Mitglieder der Bundesregierungen werden, sondern unterstützen diese vielmehr aktiv dabei in dem sie bei den Bundestagswahlen für sie stimmen und zusätzlich korruptes Verhalten nicht angemessen sanktionieren frei nach dem Motto: *„Jedes Land hat die Politiker, die es verdient"* (Wirth 2006a, 11). Als Beispiel sei hier auf den ehemaligen Bundesminister des

Inneren Wolfgang Schäuble verwiesen, der trotz seines Ausscheidens aus der Bundesregierung aufgrund der Verwicklung in die CDU-Spenden-Affäre, unter Bundeskanzlerin Angela Merkel wieder in die Bundesregierung aufsteigen konnte.

Zum besseren Verständnis für dieses nur scheinbar widersprüchliche Verhalten der Mitglieder einer narzisstischen Gesellschaft eignet es sich, den zu der Machtelite gehörenden Teil als „Führer" zu betrachten und den Rest der Bevölkerung als „Geführte". Genau wie in einer narzisstischen Partnerschaft oder Ehe (Maaz 2013, 144-162) kann zwischen den „Geführten" und den „Führern" eine so genannte „narzisstische Kollusion" entstehen (Neuberger 2002, 177-180; Wirth 2006b, 165). Eine narzisstische Kollusion ist ein Zustand, den Wirth als ein unbewusstes Zusammenspiel zweier sich gegenseitig ergänzender Partner beschreibt (Wirth 2006b, 165). In diesem Fall der Kollusion bestehen die Partner aus den „Geführten", die eine passive und unterwürfige größenklein narzisstische Rolle einnehmen, und den „Führern", die wiederum eine aktive und dominierende größenselbst Rolle einnehmen (Neuberger 2002, 177-180; Wirth 2006a, 55). Der Psychologe Oswald Neuberger beschreibt den führenden Teil dieser Kollusion wie folgt: *„Narzisstische Führungskräfte erleben sich als großartig, bewundernswert, Gott gesandt [...]. Sie wollen sich in der Anerkennung und Bewunderung der Geführten spiegeln und umgeben sich mit Bewunderern"* (Neuberger 2002, 179). Über die „Geführten" hingegen schreib er: *„Mit der Idealisierung der Elternimagines wird, was man selbst nicht hat, in anderen gesucht und gefunden. Der eigene Wunsch nach Größe, Vollkommenheit, Macht ist in anderen erfüllt. Wenn man sich mit ihnen identifiziert (fusioniert), hat man an dieser Größe etc. teil. Narzisstische Geführte haben den grandiosen Teil ihres Selbst an den Führer delegiert. Sie idealisieren ihn und identifizieren sich mit ihm, sodass sie an seiner Größe und seinem Erfolg partizipieren"* (Neuberger 2002, 180). Im Umkehrschluss bedeutet dies jedoch, dass ein Scheitern der idealisierten „Führer" auf keinen Fall durch die „Geführten" zugelassen werden kann, denn ein Scheitern des „Führers" würde von den „Geführten" teilweise als eigenes Scheitern empfunden werden und zu einer so genannten „narzisstischen Kränkung" führen. Vor diesem Hintergrund erscheint somit die teilweise an Blindheit grenzende Toleranz der narzisstischen Gesellschaft gegenüber korrupt handelnden Mitgliedern der Machtelite als nachvollziehbar. Umso heftiger fällt jedoch die Reaktion aus, wenn es nicht mehr zu leugnen ist, dass gewisse Führungspersonen korrupt gehandelt haben (Neuberger 2002, 180).

Hervor zu heben ist, dass Theorien der narzisstischen Gesellschaften, nicht erklären können, warum der Anteil von narzisstischen Persönlichkeiten in den Bundesregierungen von 1991 bis

2013 überdurchschnittlich hoch war. Eine narzisstische Gesellschaft samt ihres psychopathologischen Zustandes muss somit nicht als hinreichende sondern lediglich als notwendige Bedingung betrachtet werden.

4.2. POLITIK IST NARZISSMUS PFLICHTIG

„Ein narzisstisches Defizit ist im Grunde die beste Voraussetzung für das politische Geschäft", schreibt Maaz in seinem Buch *die narzisstische Gesellschaft* und zeigt anhand mehrerer Beispiele, dass in dem politischen System insbesondere narzisstische Persönlichkeiten bei ihrer Karriere prädestiniert sind (Maaz 2013, 189). Seiner Meinung nach gibt es lediglich zwei Arten der narzisstischen Abwehr, die „Kompensation" und die „Ablenkung" (Maaz 2013, 94). Beide Formen der Abwehr könnten an keinem anderen Ort so gut ausgelebt werden wie in der Politik (Maaz 2013, 189).

Zunächst einmal sei auf den bereits in Kapitel 2.3. hingewiesenen Zusammenhang zwischen Politik, Macht und Narzissmus hingewiesen. Narzisstische Persönlichkeiten versuchen häufig ihre vermeintliche Minderwertigkeit und Machtlosigkeit durch Machtstreben zu kompensieren (Faust 2012, 20-21; Akhtar 2006, 248-249; Hartmann 2006, 19). In der Politik geht es um Macht (Hartmann 2007, 23) und folgt man der Argumentation Wirths, sogar um die „reinste" Form der Macht (Wirth 2006a, 54), einschließlich des Ringens um Machtpositionen: *„Gesellschaftliche Machtpositionen bieten eine geradezu ideale Voraussetzung dafür, beide Seiten dieser Medaille auszuleben: Vordergründig fallen zunächst die narzisstischen Gratifikationen ins Auge, die mit Positionen der Macht verknüpft sind. Allerdings ist die Position des Mächtigen auch dadurch gekennzeichnet, dass es eine rückwärtige Seite der Ohnmacht gibt. Im Zeitalter der Medien ist der Mächtige einer geradezu totalen öffentlichen Kontrolle selbst bis in die privatesten Bereiche seines Lebens ausgesetzt"* (Wirth 2006a, 74). Verstärkt wird diese Lukrativität durch die Zugangsbarrieren, die in der Politik, im Gegensatz zu anderen Berufsfeldern, nicht aus spezifischen Berufsausbildungen, sondern vor allem aus besonderen psychologischen und charakterlichen Fähigkeiten bestehen und von narzisstischen Persönlichkeiten meist leicht überwunden werden können (Wirth 2006a, 38). Formelle psychologische Beschränkungen des Zugangs zum repräsentativ-demokratischen System sind hingegen schon mit dem Gleichheitsprinzip

einer Demokratie nicht vereinbar, vom Missbrauchspotential ganz zu schweigen (Gruber 2009, 46).

Ein weiterer Grund, warum die Politik ein geeigneter Ort zur narzisstischen Abwehr sein könnte, ist laut Maaz die zumindest theoretisch gegebene Möglichkeit etwas Großes leisten zu können (Maaz 2013, 190). Auch Wirth betont, wie tief das Gefühl der narzisstischen Befriedigung sein kann, wenn man durch Jahre lange Arbeit seine eigenen Vorstellungen in die Wirklichkeit umsetzen konnte und somit die Möglichkeit erhält in die Geschichtsbücher einzugehen (Wirth 2006a, 346).

Darüber hinaus ist die Abwertung des politischen Gegners seit jeher ein Bestandteil des politischen Spiels um Macht. Die eigene Person und die eigenen Stärken in den Vordergrund zu rücken und die damit einhergehende Abwertung aller anderen Personen sind auf der anderen Seite eine der auffälligsten Ausprägungen der narzisstischen Abwehr. Eine Abwehr, die Maaz sogar zur „Abwehrnotwendigkeit" deklariert (Maaz 2013, 192).

Zum Schluss dieses Kapitels sei auf die besonders gute Möglichkeit zur Verdrängung beziehungsweise Ablenkung hingewiesen, die mit einem Amt als Spitzenpolitiker zwangsläufig einhergeht. Maaz schreibt auf eine polemisierende Art und Weise, dass in politischen Führungsfunktionen praktisch kein Freiraum mehr für privates Leben bleibt und kein psychisch gesunder Mensch sich freiwillig dieses Leben auferlegen würde (Maaz 2013, 193-194).

Zusammenfassend lässt sich also festhalten, dass sich an der Aussage *„Politik ist Narzissmus pflichtig"* sehr viel Wahres finden lässt weil das politische Geschäft den beiden Ausprägungen der narzisstischen Abwehr, Kompensation und Ablenkung, sehr viele Möglichkeiten zur Realisierung bietet. Ein überdurchschnittlich hoher Anteil von narzisstischen Persönlichkeiten in den Bundesregierungen von 1991 bis 2013 lässt sich somit teilweise durch die Möglichkeiten zur narzisstischen Abwehr erklären, die ein Ministeramt in der Bundesregierung für eine narzisstische Persönlichkeit bietet.

4.3. FÜHRUNGSPERSON ZENTRIERTE ERKLÄRUNGEN

Während sich die vorherigen beiden Kapitel jeweils mit der Beschaffenheit der Gesellschaft und der Politik beschäftigt haben, fokussiert sich dieses Kapitel auf die narzisstische Führungsperson, um Antworten auf die Frage zu geben warum der Anteil von narzisstischen

Persönlichkeiten in den Bundesregierungen von 1991 bis 2013 überdurchschnittlich hoch war. Konkret versucht dieses Kapitel die Frage zu beantworten, ob narzisstische Persönlichkeiten besondere charakterliche Fähigkeiten besitzen, die es ihnen ermöglichen, erfolgreich zu sein beim Erreichen und Bekleiden von hohen politischen Spitzenämtern.

Weber zum Beispiel schreibt, dass Distanz zu den Dingen und Menschen die entscheidende psychologische Qualität eines erfolgreichen Politikers ausmacht (Weber zitiert nach Wirth 2006a, 144). Nun könnte man die neutrale Formulierung „Distanz zu Menschen" ohne weiteres in das eher negativ konnotierte „Mangel an Empathie" synonymisieren. Ein Mangel an Empathie hingegen ist wiederum eines der Hauptpersönlichkeitsmerkmale des pathologischen Narzissmus (Faust 2012, 20-21; Akhtar 2006, 248-249). Maaz schreibt hierzu: „[...] ein narzisstisch geprägter Politiker [kann] Entscheidungen treffen und handeln, ohne Skrupel zu empfinden, da ihm für das Einzelschicksal vollständig die Empathie fehlt, aber die großen Dinge bewältigt werden müssen" (Maaz 2013, 147). Eine wesentlich wichtigere Bedeutung kommt hingegen dem Begriff „Charisma" zu.

Wie bereits in Kapitel 3.1. verdeutlicht, vertritt Etzioni-Halevy eine Ressourcen orientierte Eliten-Definition. Mitglieder der Machtelite sind solche Menschen, die Zugang und Kontrolle über knappe Ressourcen haben. Als Ressource bezeichnet sie: Macht, Zugang zum politischen System, Informationen, Geld, Zeit, wirtschaftliche Ressourcen wie Erdöl oder Eigenschaften der Psyche wie Charisma (Etzioni-Halevy 1993, 94; Sauer 1997, 290). „Charisma" wird im Zusammenhang dieser Abschlussarbeit als eine besondere psychologische Ressource charakterisiert. Das Wort Charisma stammt aus dem Griechischen und bedeutet übersetz so viel wie „(von Gott) begnadet" (Neuberger 2002, 143). Der Politikwissenschaftler und Historiker James MacGregor Burns schreibt in seinem Buch *Leadership* über den Begriff Charisma: „*Der Begriff [...] hat eine Reihe unterschiedlicher, aber überlappender Bedeutungen: magische Qualitäten des Führers; ein emotionales Band zwischen Führer und Geführten; Abhängigkeit der Massen von einer Vaterfigur; volkstümliche Annahme, dass ein Führer mächtig, allwissend und rechtschaffen ist; Ausstattung der Führer mit enormer übernatürlicher Macht (oder mit weltlicher Macht oder mit beidem); und freundliche Unterstützung eines Führers, die an Liebe grenzt. Das Wort ist so überladen worden, dass es bei näherer Analyse zusammenbricht*" (Burns zitiert nach Neuberger 2002, 143). Laut Martina Sauer ist ein ausreichender Zugang zur Ressource Charisma eine Voraussetzung für die Durchsetzungsfähigkeit von Eliten (Sauer 1997, 289-290). Mit anderen Worten, charismatische Führungspersonen sind erfolgreicher innerhalb der Machtelite.

Dominanz, Selbstvertrauen, das Bedürfnis Einfluss auszuüben und der Glaube an die eigenen Werte, sind nach Robert J. House Merkmale, die bei charismatischen Führungspersonen besonders stark ausgeprägt sind (House zitiert nach Neuberger 2002, 157). Diese Merkmale stimmen größtenteils mit den Merkmalen einer narzisstischen Persönlichkeit überein. Zwar ist das Selbstvertrauen einer narzisstischen Persönlichkeit stets künstlich und lediglich eine Kompensation von Minderwertigkeitskomplexen, jedoch sind Dominanz, der Glaube an die eigenen Werte und das Bedürfnis Einfluss auszuüben, welches auch als Machtstreben umgedeutet werden könnte, feste Bestandteile eines narzisstischen Charakters. Neuberger bestätigt, dass die trennscharfe Identifikation von charismatischen Eigenschaften bislang nicht gelungen sei und das Set der Begriffe genauso gut zum Beispiel auf narzisstische Eigenschaften zutreffen könnte (Neuberger 2002, 158).

In anderen Eigenschaften sind sich der charismatische und die narzisstische Persönlichkeit ebenfalls ähnlich. So wird einerseits charismatischen Führungspersonen eine hohe kommunikative Kompetenz nachgesagt (Neuberger 2002, 153), während andererseits die Sprache einer der wichtigsten „Waffen" der narzisstischen Persönlichkeit ist. Faust schreibt über die Sprache des Narzissten: *„Oft geschmückt mit Aufmerksamkeit heischenden Details, die mitunter nur für Eingeweihte verständlich sind. Und überraschenden und bisweilen durchaus pfiffigen Wendungen im Satzbau. Denn der Narzisst liebt die Sprache, auch wenn sie ihm weniger zur Informationsübermittlung dient wie bei anderen Menschen, mehr zur Regulation der Selbsteinschätzung bzw. persönlichen Erhöhung"* (Faust 2012, 33).

Dass sich laut Weber die charismatische Persönlichkeit über die bestehende Ordnung hinwegsetzt und eine neue schafft, ist eine weitere Korrelation mit der narzisstischen Persönlichkeit (Weber zitiert nach Neuberger 2002, 147). Dies geht jedoch selten ohne die Abkehr von den Werten und Normen der Institution, die die bestehende Ordnung aufrechterhält. Es ist von daher nur logisch, dass die charismatische Person, genau wie die narzisstische, zwangsläufig von den Werten und Normen, denen sie sich verpflichtet fühlt, abkehren muss (Wirth 2006a, 78).

Bezogen auf die Verbindung von Charisma und Narzissmus, lässt sich festhalten, dass narzisstische Persönlichkeiten viele der Eigenschaften von charismatischen Persönlichkeiten teilen. Charisma wiederum ist eine der zentralen Voraussetzungen für eine erfolgreiche Teilhabe an der Machtelite (Sauer 1997, 289-290). Es muss von daher angenommen werden, dass der überdurchschnittlich hohe Anteil von narzisstischen Persönlichkeiten in den Bundesregierungen von 1991 bis 2013 zu einen großen Teil durch die besonderen

charismatischen Eigenschaften der Persönlichkeiten dieser narzisstischen Personen erklärt werden kann. Ihre charakterlichen Ausprägungen sind prädestiniert für die besonderen Anforderungen, die an Mitglieder der Machtelite beziehungsweise der Bundesregierung gestellt werden. Maaz formuliert diesen Aspekt zugespitzt: „*Ich bin davon überzeugt, dass die politische Karriere mit dem Ausmaß der narzisstischen Verletzung korreliert*" (Maaz 2013, 193).

5. FAZIT UND BEANTWORTUNG DER FORSCHUNGSFRAGE

Der Elitenforscher Andreas K. Gruber untersuchte im Rahmen seiner Monografie *Der Weg nach ganz oben* die Karriereverläufe deutscher Spitzenpolitiker und kam unter anderem zu dem Ergebnis, dass der soziodemografische Hintergrund[6] relativ wenig Auswirkungen auf die Aufstiegschancen einer Person in die Machtelite hat (Gruber 2009, 79-80). Gruber bestätigt allerdings, dass es Muster in den Karriereverläufen gibt (Gruber 2009, 255-257). Die Frage, welcher „X-Faktor" einen Aufstieg in die Machtelite begünstigt (Kaina 2009, 388), konnte er jedoch nicht beantworten. Die in dieser Abschlussarbeit vorgestellten Untersuchungsergebnisse, einschließlich ihrer theoretischen Diskussion, konnten zumindest einen Teil dieses „X-Faktors" benennen und mit seiner wichtigsten Komponente nachweisen: eine narzisstische Persönlichkeit.

Es wurde aufgezeigt, dass in Teilen der psychologischen und politikwissenschaftlichen Fachliteratur davon ausgegangen wird, dass eine narzisstische Persönlichkeit zu einem erfolgreichen Karriereverlauf in der Politik beitragen kann. Des Weiteren wurde gezeigt, dass man narzisstische Persönlichkeiten von außen lediglich durch korruptes Verhalten erkennen kann.

Die 85 Mitglieder der Bundesregierungen von 1991 bis 2013 wurden jeweils auf korruptes Verhalten und somit auf eine narzisstische Persönlichkeit hin untersucht. Es wurde unter anderem aufgezeigt, dass im Vergleich zur Gesamtbevölkerung der Bundesrepublik Deutschland, der Anteil von narzisstischen Persönlichkeiten in den Bundesregierungen von 1991 bis 2013 überdurchschnittlich hoch war und hauptsächlich aus männlichen Personen bestand, die nicht in der ehemaligen DDR sozialisiert wurden. Bei der Hälfte von Ihnen

---

[6] In diesem Fall die Faktoren Alter, Geschlecht, Bildung und Religionszugehörigkeit.

konnte erst nach der Übernahme eines Ministeramtes korruptes Verhalten und somit eine narzisstische Persönlichkeit nachgewiesen werden. Die in der Einleitung erwähnte Aussage des britischen Politikers Lord Acton, *„Macht korrumpiert, absolute Macht korrumpiert absolut"* (Leinemann zitiert nach Wirth 2006a, 9), konnte durch diese Untersuchung nur bestätigt werden.

Die Forschungsfrage, warum der Anteil von narzisstischen Persönlichkeiten in den Bundesregierungen von 1991 bis 2013 überdurchschnittlich hoch war, wurde mit drei theoretischen Erklärungsansätzen beantwortet. Zunächst wurde gezeigt, dass eine gesamt gesellschaftliche Transformation hin zu einer narzisstischen Gesellschaft samt ihres psychopathologischen Zustandes nicht als hinreichende, sondern lediglich als notwendige Bedingung betrachtet werden kann. Anschließend wurde erklärt, dass sich an der Aussage „Politik ist Narzissmus pflichtig" sehr viel Wahres finden lässt, weil das politische Geschäft den beiden Ausprägungen der narzisstischen Abwehr, Kompensation und Ablenkung, sehr viele Möglichkeiten zur Realisierung bietet. Im letzten Kapitel zeigten Führungspersonen zentrierte Erklärungen, dass die charismatischen charakterlichen Ausprägungen von narzisstischen Persönlichkeiten wie gemacht für die besonderen Anforderungen sind, die für die Mitglieder der Machtelite beziehungsweise der Bundesregierung postuliert werden.

Das allgemeine Fazit dieser Abschlussarbeit ist, dass dem Faktor Persönlichkeit in der Politikwissenschaft mehr Aufmerksamkeit geschenkt werden müsste. Insbesondere im empirisch analytischen Bereich gib es noch viel Nachholbedarf, da die Elitenforschung oftmals nur anhand von „psychologisch biografischen Studien" den Zusammenhang zwischen Persönlichkeit und Politik herzustellen versucht (Hartmann 2007, 23-24). Zum Abschluss soll folgendes Zitat von Hartmann noch einmal verdeutlichen, welchen Nutzen die Politikwissenschaft durch eine stärkere Akzeptanz psychologischer Faktoren hätte: *„Die psychologische Literatur kann verstehen helfen, warum ein Aufstieg aus bitterer Armut trotz einer Behinderung oder eines Minderwertigkeitsempfindens gelingt und warum die vom Schicksal begünstigten „happy few" aus reichem Hause oder mit telegenem Äußeren einiges vielleicht entspannter angehen als Zeitgenossen, die sich und anderen tagtäglich beweisen müssen, dass sie es verdienen, Macht auszuüben"* (Hartmann 2007, 13).

6. LITERATURVERZEICHNIS

Akhtar, Salman. 2006. „Deskriptive Merkmale und Differenzialdiagnose der Narzisstischen Persönlichkeitsstörung." In: Otto F. Kernberg (Hrsg.) / Hans-Peter Hartmann (Hrsg.). *Narzissmus. Grundlagen – Störungsbilder – Therapie.* Stuttgart: Schattauer GmbH: 3-32.

Der Spiegel. 1993. „Blüten im Sumpf." 18.01.1993: 24-32. *http://wissen.spiegel.de/wissen/image/show.html?did=13679628&ref=image036/2006/05/11 /cq-sp1993003002-40032.pdf&thumb=false*, Zugriff am 21.04.2013.

Der Spiegel. 2002. *Schröder feuert Scharping: Rauswurf in 50 Sekunden.* Hamburg: SPIEGEL ONLINE GmbH. http://www.spiegel.de/politik/deutschland/schroeder-feuert-scharping-rauswurf-in-50-sekunden-a-205828.html, Zugriff am 21.04.2013.

Der Spiegel. 2011. *Mehr als 80 Anzeigen gegen Guttenberg: Betrug, Untreue, Urheberrechtsverstöße.* Hamburg: SPIEGEL ONLINE GmbH. http://www.spiegel.de/politik/deutschland/mehr-als-80-anzeigen-gegen-guttenberg-betrug-untreue-urheberrechtsverstoesse-a-748940.html, Zugriff am 22.04.2013.

Deutscher Bundestag. 2013. *Zusammensetzung der Bundeskabinette – Namensliste.* Berlin: Deutscher Bundestag. http://www.bundestag.de/dokumente/datenhandbuch/06/06_02/index.html, Zugriff am 18.04.2013.

Diamond, Diana. 2006. „Narzissmus als klinisches und gesellschaftliches Phänomen." In: Otto F. Kernberg (Hrsg.) / Hans-Peter Hartmann (Hrsg.). *Narzissmus. Grundlagen – Störungsbilder – Therapie.* Stuttgart: Schattauer GmbH: 171-204.

Etzioni-Halevy, Eva. 1993. *The Elite Connection. Problems and Potential of Western Democracy.* Cambridge: Polity Press.

Faust, Volker. 2012. „Psychiatrie Heute. Seelische Störungen erkennen, verstehen, verhindern, behandeln." *Arbeitsgemeinschaft Psychosoziale Gesundheit*. Meckenbeuren: Stiftung Liebenau.

Froese, Michael. 1991. „Von der autoritären in die narßitische Gesellschaft." *Psychologie und Geschichte* 2 (4): 202-211.

Gast, Lilli. 2006. „Metamorphosen des Narzissmus. Ein Beitrag zur psychoanalytischen Ideen- und Begriffsgeschichte." In: Otto F. Kernberg (Hrsg.) / Hans-Peter Hartmann (Hrsg.). *Narzissmus. Grundlagen – Störungsbilder – Therapie*. Stuttgart: Schattauer GmbH: 132-157.

Genscher, Hans-Dietrich. 2013. *Hans-Dietrich Genscher*. Bonn: Hans-Dietrich Genscher. http://www.genscher.de/, Zugriff am 21.04.2013.

Gruber, Andreas K.. 2009. *Der Weg nach ganz oben. Karriereverläufe deutscher Spitzenpolitiker*. Wiesbaden: VS Verlag für Sozialwissenschaften.

Hartkamp, Norbert / Wolfgang Wöller/ Michael Langenbach / Jürgen Ott. 2002. „Narzisstische Persönlichkeitsstörung." In: G. Rudolf (Hrsg.) / W. Eich (Hrsg.). *Persönlichkeitsstörungen. Leitlinie und Quellentext*. Stuttgart: Schattauer GmbH: 213-234.

Hartmann, Hans-Peter. 2006. „Narzisstische Persönlichkeitsstörung – ein Überblick." In: Otto F. Kernberg (Hrsg.) / Hans-Peter Hartmann (Hrsg.). *Narzissmus. Grundlagen – Störungsbilder – Therapie*. Stuttgart: Schattauer GmbH: 3-32.

Hartmann, Jürgen. 2007. *Persönlichkeit und Politik*. Wiesbaden: VS Verlag für Sozialwissenschaften.

Kaina, Viktoria. 2009. „Eliteforschung." In: Viktoria Kaina / Andrea Römmele (Hrsg.). *Politische Soziologie. Ein Studienbuch*. Wiesbaden: VS Verlag für Sozialwissenschaften: 385-419.

Kondylis, Panajotis. 2007. *Machiavelli*. München: Oldenbourg Akademieverlag.

3

Maaz, Hans-Joachim. 2013. *Die narzisstische Gesellschaft. Ein Psychogramm.* 4. Auflage. München: Verlag C.H. Beck oHG.

Morf, Carolyn C. / Frederick Rhodewalt. 2006. „Die Paradoxa des Narzissmus – ein dynamisches selbstregulatorisches Prozessmodell." In: Otto F. Kernberg (Hrsg.) / Hans-Peter Hartmann (Hrsg.). *Narzissmus. Grundlagen – Störungsbilder – Therapie.* Stuttgart: Schattauer GmbH: 308-347.

Neuberger, Oswald. 2002. *Führen und führen lassen. Ansätze, Ergebnisse und Kritik der Führungsforschung.* 6. Auflage. Stuttgart: Lucius & Lucius Verlagsgesellschaft mbH.

NWZ Online. 2013. *Funke: Haft auf Bewährung und 10000 Euro Geldbuße.* Bremen: Nordwest-Zeitung Verlagsgesellschaft mbH & Co. KG. http://www.nwzonline.de/wirtschaft/funke-haft-auf-bewaehrung-und-10000-euro-geldbusse_a_1,0,1892719316.html, Zugriff am 22.04.2013.

Orwell, George. 1976. *1984.* Frankfurt/M: Verlag Ullstein GmbH.

Rattinger, Hans. 2009. *Einführung in die Politische Soziologie.* München: Oldenbourg Wissenschaftsverlag.

Resch, Franz/Eva Möhler. 2006. „Entwicklungspsychologie des Narzissmus." In: Otto F. Kernberg (Hrsg.) / Hans-Peter Hartmann (Hrsg.). *Narzissmus. Grundlagen – Störungsbilder – Therapie.* Stuttgart: Schattauer GmbH: 37-70.

Sauer, Martina. 1997. „Durchsetzungsfähigkeit und Kooperationspotential von Eliten als Bausteine der Elitenintegration." In: Wilhelm Bürklin (Hrsg.) / Hilke Rebensdorf. *Eliten in Deutschland. Rekrutierung und Integration.* Opladen: Leske + Budrich Verlag: 285-320.

Schmidt, Manfred G.. 2008. *Das Politische System der Bundesrepublik Deutschland.* 2. Auflage. München: Verlag C.H. Beck oHG.

Schnapp, Kai-Uwe. 1997. „Soziale Zusammensetzung von Eliten und Bevölkerung. Verteilung von Aufstiegschancen in die Elite im Zeitvergleich." In: Wilhelm Bürklin (Hrsg.) / Hilke Rebensdorf. *Eliten in Deutschland. Rekrutierung und Integration.* Opladen: Leske + Budrich Verlag: 69-99.

Schröder, Andreas. 2005. *Der Narzisstische Typus als pathoplastische Variante der Primärpersönlichkeit unipolarer Depressiver. Eine empirische Studie über die Zunahme narzisstischer Persönlichkeitzüge in der zweiten Hälfte des 20. Jahrhunderts.* Heidelberg: Ruprecht-Karls-Universität.

Stone, Michael. 2006. „Narzissmus und Kriminalität." In: Otto F. Kernberg (Hrsg.) / Hans-Peter Hartmann (Hrsg.). *Narzissmus. Grundlagen – Störungsbilder – Therapie.* Stuttgart: Schattauer GmbH: 405-431.

Schumann, Siegfried. 2005. *Persönlichkeit. Eine vergessene Größe der empirischen Sozialforschung.* Wiesbaden: VS Verlag für Sozialwissenschaften.

Watson, Peter. 2010. *Der Deutsche Genius. Eine Geistes- und Kulturgeschichte von Bach bis Benedikt XVI.* 3. Auflage. München: Bertelsmann Verlag.

Weber, Maximilian Carl Emil. 1921. *Wirtschaft und Gesellschaft. Grundriss der verstehenden Soziologie.* Tübingen: Mohr Verlag.

Wirth, Hans-Jürgen. 2006a. *Narzissmus und Macht. Zur Psychoanalyse seelischer Störung in der Politik.* 3. Auflage. Gießen: Psychosozial Verlag.

Wirth, Hans-Jürgen. 2006b. „Pathologischer Narzissmus und Machtmissbrauch in der Politik." In: Otto F. Kernberg (Hrsg.) / Hans-Peter Hartmann (Hrsg.). *Narzissmus. Grundlagen – Störungsbilder – Therapie.* Stuttgart: Schattauer GmbH: 158-170.

9 783656 454205